AF431394